W0204571

Armin Täubner

KLING, GLÖCKCHEN ...

Fensterbilder und Anhänger aus Tonkarton

frechverlag

Rote Glocken auf weißem Grund

(Titelseite des Buches)

1. Fertigen Sie von den Glocken und einem Stern Schablonen an. Die Umrisse werden mit Bleistift auf roten Karton übertragen. Schneiden Sie die Teile mit Cutter und Schere aus, und ordnen Sie sie auf einer weißen Kartonscheibe (Radius 9 cm) an.

Wichtelglocke

(Seite 1)

1. Zuerst wird der Wichtel zusammengeklebt und dann in den Glockenturm gesetzt. Vor und hinter ihm bringen Sie noch die drei Schneeflächen an.
2. Nun wird die Glocke aufgehängt, dann das Dach sowie die Schneehaube angebracht.
3. Mit Pluster-Pen ziehen Sie die Konturen der Jacke und der Schneeteile nach und tupfen einige weiße Punkte auf.

Wir danken für die freundliche Abdruckgenehmigung für das Lied von Seite 3, entnommen aus: „Advents- und Weihnachtslieder, zum Mitsingen für die ganze Familie", herausgegeben von Walter Hansen, Orbis Verlag, 1991.

Zeichnungen: Armin Täubner

Fotos: frechverlag GmbH + Co. Druck KG, 70499 Stuttgart; Birgitt Gutermuth

Auflage: 5. 4. 3. 2. Letzte Zahlen
Jahr: 1999 98 97 96 95 maßgebend

frechverlag GmbH + Co. Druck KG, 70499 Stuttgart

ISBN 3-7724-1979-8 · Best.-Nr. 1979 Druck: frechverlag GmbH + Co. Druck KG, 70499 Stuttgart

Kling, Glöckchen, klingelingeling

2. Kling, Glöckchen, klinge-
lingeling,
kling, Glöckchen, kling!
Mädchen, hört, und Bübchen,
macht mir auf das Stübchen,
bring' euch viele Gaben,
sollt euch dran erlaben!
Kling, Glöckchen,
klingelingeling,
kling, Glöckchen, kling!

3. Kling, Glöckchen, klinge-
lingeling,
kling, Glöckchen, kling!
Hell erglühn die Kerzen,
öffnet mir die Herzen,
will drin wohnen fröhlich,
frommes Kind, wie selig.
Kling, Glöckchen,
klingelingeling,
kling, Glöckchen, kling!

Text: Karl Enslin

1. Pausen Sie sämtliche Teile nebeneinander und ohne Überschneidungen mit Bleistift auf Transparentpapier ab. Das Transparentpapier wird auf dünnen Karton geklebt.

2. Mit einer Schere oder einem Cutter werden die Teile ausgeschnitten. Denken Sie daran, eine Schneideunterlage zu benutzen, wenn Sie mit dem Cutter arbeiten.

3. Legen Sie diese Schablonen auf den entsprechenden Tonkarton, und umfahren Sie sie sorgfältig mit einem Bleistift.

4. Die Teile werden mit Cutter und/oder Schere exakt ausgeschnitten.

5. Die Vorlage und das Foto geben Ihnen Positionierungshilfen, wie Sie Ihr Fensterbild oder Ihren Anhänger zusammenkleben.
Aufhängeösen stanzen Sie am besten mit der Lochzange aus.

So gehen Sie bei den Motiven auf Seite 8 - 17 vor:

1. Pausen Sie das Motiv mit Zirkel, Lineal und Bleistift auf Transparentpapier ab, oder fertigen Sie einfach eine Fotokopie davon an.

2. Nun wird das Transparentpapier bzw. die Fotokopie auf Tonkarton Ihrer Wahl gelegt und mit dem Klammerhefter mehrfach befestigt. Einige Klammern sollten aus Stabilitätsgründen auch in den Innenflächen, die später herausgeschnitten werden, fixiert werden.

3. Legen Sie nun den Karton auf eine Schneideunterlage, und schneiden Sie die Konturen mit dem Cutter durch das Transparentpapier bzw. die Fotokopie. Zuerst werden die kleinsten Innenflächen herausgeschnitten.
Der äußere Rand wird zum Schluß mit der Schere oder dem Cutter nachgeschnitten.

Glockenläuten auf der Wolke

(Umschlag-Rückseite)

1. Am Wolkenfenster bringen Sie zuerst das hölzerne Glockengebälk, anschließend die Glocke samt Aufhängung an.
Der Klöppel wird von hinten befestigt.

2. Legen Sie das Kopfteil an das weiße Kleid.
Nun kleben Sie beidseitig Haarteil, Flügel und Ärmel samt Hand an.

3. Jetzt kann der Engel die Glocke läuten.
Verteilen Sie noch einige Sterne auf der Wolke.

4. Das Engelshaar wird ganzflächig mit Pluster-Pen bemalt. Kleid und Wolke werden nur an den Rändern geplustert.

Weiße Glocke mit Sternen

Schneidefolge (vgl. Anleitung Seite 5):

1. die vier Sterne

2. die Kontur der kleinen Glocke

3. die innere Kontur der großen Glocke

4. die äußere Kontur der großen Glocke

Die Aufhängeösen werden mit der Lochzange ausgestanzt.

Mit weißer Stickmalfarbe (COLORPOINT) können die inneren und äußeren Konturen der Glocken noch nachgetupft werden.

Drei kleine Glocken im Ring

Schneidefolge:

1. die gitterartigen Innenflächen im oberen Bilddrittel

2. Innenfläche des großen Sterns

3. Innenflächen der kleinen Glocken

4. Flächen zwischen dem großen Stern und den Glocken

5. Innenflächen der großen Glocke

6. restliche Innenflächen

7. äußere Kontur

Das Fensterbild kann auch mit Transparentpapier ein- oder mehrfarbig hinterklebt werden.

Glocke mit Tannenbäumen

Schneidefolge:

1. die kleinen Sterne im Rahmen
2. die Innenfläche von großem Stern und Sternschweif
3. die äußere Kontur des Kometen
4. die restliche Innenfläche
5. die äußere Kontur

Abschließend kann der Komet noch mit Goldstift angemalt werden.

Die Ränder der kleinen Sterne werden ebenfalls golden angemalt.

Weihnachtsbaum

Schneidefolge:

1. die Konturen und die Aufhängungen der Glocken

2. die Kreise um die Glocken

3. die Kerzenflammen

4. die Kerzenscheine

5. die Kerzen

6. der Stern

7. die Kontur des Tannenbaumes

Weißer Zackenstern

Schneidefolge:

1. die Innenflächen der Glocke

2. die äußere Kontur der Glocke

3. der Innenkreis des Sterns

4. die dreieckigen Innenflächen der Sternzacken

5. die äußere Kontur des Sterns

Weiß-grüne Glocken

1. Fertigen Sie von allen Teilen Schablonen an.
Der Stern kann entweder separat ausgeschnitten und aufgeklebt werden, oder er wird direkt aus dem gezackten Mittelteil herausgeschnitten.

2. Kleben Sie das gezackte Mittelteil auf die Glocke.
Von hinten werden noch Aufhängung und Klöppel befestigt.

Variieren Sie die Farbkombinationen!
Einmal ist der Untergrund grün, einmal das Mittelteil.

Wichtel auf der Glocke

1. Am unteren Glockenrand werden von hinten ein roter Randstreifen und der Klöppel angebracht. Verzieren Sie die Glocke noch mit aufgeklebten Kartonpunkten. Die Aufhängung bringen Sie von hinten an.

2. Auf den roten Wichtelkittel zuerst das weiße Haar-Bartteil, dann das Gesichtsteil sowie Oberlippenbart und Nase kleben.

3. Der Wichtel wird von hinten am Oberteil der Glocke befestigt.
Von vorne bringen Sie nun Hosenbeine samt Schuhen sowie die Hände an.

4. Zum Schluß werden noch rote und weiße Farbpunkte auf die Glocke aufgetupft (z.B. mit Stickmalfarbe COLORPOINT).

Schnee-Glöckchen

1. Am weißen Elfenkleid wird von hinten der Kopf und von vorne das gelbe Haarteil befestigt.

2. Den zweiten Flügel kleben Sie leicht versetzt von hinten an den ersten. Die Ärmel samt Händen werden beidseitig und leicht versetzt am Kleid angebracht.

3. Nun wird das Schneeglöckchen am Stengel fixiert.

4. Kleben Sie eine blaue Kartonscheibe (Radius 7,8 cm) auf eine weiße (Radius 8,8 cm).

5. Zum Schluß werden Elfe und Schneeglöckchen auf der blauen Kartonscheibe befestigt.

6. Elfenhaar und -kleid können noch mit Plusterfarbe verziert werden.

Kletterübung am Glockenseil

1. Kleben Sie zuerst die Glocke zusammen. Mit einer Lochzange wird jeweils ein Loch in die Aufhängung und in den Klöppel gestanzt.

2. Das Anorakteil wird doppelt benötigt.
Auf ein Anorakteil kleben Sie das weiße Haar-Bartteil, das Gesichtsteil und schließlich die runde Nase.

3. Die Beine werden leicht versetzt von hinten am ersten Anorakteil befestigt.
Nun kleben Sie von hinten das zweite Anorakteil an.

4. Bringen Sie die rechte Hand sowie den linken Ärmel samt Hand am Anorak an.

5. Jetzt ziehen Sie einen Faden durch die Löcher, und dann können Sie den Wichtel an die Glockenschnur hängen.

Glocken mit Wellen und Punkten

1. Kleben Sie das Mittelteil mit den gewellten Rändern (durchgezogene Linie) auf die Glocke.

Anschließend wird das Mittelteil noch mit drei Kartontropfen verziert.
Der Klöppel wird von hinten befestigt.

2. Es sieht sehr hübsch aus, wenn Sie mit farblich passenden Punkten (COLORPOINT) die Ränder zusätzlich schmücken.

Engelchen mit Glocke

1. An der Glocke werden von hinten Aufhängung und Klöppel angebracht. Auf der Vorderseite schmücken drei aufgeklebte Sterne.

2. Das Gesichtsteil des Engels (punktierte Linie) wird von hinten am Haarteil befestigt. Malen Sie das Gesicht auf.

Nun kann der Kopf auf das pinkfarbene Kleid geklebt werden.
Die Flügel fixieren Sie von hinten.

3. Plustern Sie Haare und weiße Konturen auf.

4. Der Engel wird nun hinter die Glocke gestellt und kann sich mit seinen von vorne aufgeklebten Händen festhalten.
Beachten Sie, daß durch die Aufhängung noch ein Faden gezogen werden kann.

Glockenbär

1. Kleben Sie zuerst die linke Tatze mit dem Tannenzweig an.

2. Anschließend werden alle weißen Teile (gestrichelte Linien) auf den roten Mantel geklebt.

3. Bringen Sie nun den zweiteiligen Kopf, die rechte Tatze mit der Glocke und die Stiefel an.

4. Malen Sie das Bärengesicht auf.

5. Zum Schluß werden die Konturen der weißen Teile und des Tannenzweiges mit Pluster-Pen nachgezogen.

Lila Blütenglöckchen

1. Die dunkle Form der Glocke wird mit vier hellen, tropfenförmigen Teilen und mit vier Punkten beklebt.

2. Von hinten befestigen Sie die Aufhängung und den Klöppel.
Die Aufhängeöse können Sie mit einer Lochzange ausstanzen.

3. Die Flächen um die aufgeklebten Tropfen werden noch mit Stickmalfarbe (COLORPOINT) betupft.